24 AUF DIE GABEL

Das grüne Blatt bei den Rezepten heißt fleischloser Genuss:
Mit diesem Symbol sind alle vegetarischen Gerichte gekennzeichnet.

42 AUF DEN LÖFFEL

GENUSS ZUM MITNEHMEN

Mit ein bisschen Know-how machen Sie Ihren Lunch zum Höhepunkt des Arbeitstages!
So gewinnen Sie nicht nur Energie und Lebensfreude, sondern sparen auch noch Geld.

POWER-MIX

Eine Mischung aus langsam verdaulichen Kohlen-hydraten aus (Vollkorn-)Getreide, Gemüse und Hülsenfrüchten, nicht zu fettem Eiweiß aus Fleisch, Fisch, Eiern, Milchprodukten oder Hülsenfrüchten und ein wenig hochwertiges Fett aus Pflanzenölen, Nüssen, Samen oder Avocado hält lange satt, ohne zu belasten, und versorgt Sie mit allen wichtigen Nährstoffen. Ausgefallene Lebensmittel brauchen Sie dafür nicht – ganz normale Produkte aus dem Supermarkt sorgen für eine ausgewogene und gesunde Mischung.

CLEVER VORBEREITET

Oft scheitert das Zubereiten einer Lunchbox an fehlender Zeit. Mit der richtigen Planung wird das jetzt anders! Überlegen Sie sich am besten schon am Ende der Woche, was Sie in der nächsten Wo-che mittags essen wollen. So können Sie alle Zuta-ten im Voraus besorgen und am Wochenende eini-ges vorbereiten und kalt stellen oder einfrieren. Alle Gerichte in diesem Buch lassen sich am Vor-abend vorbereiten, und manche sind so schnell gemacht, dass sie auch morgens vor der Arbeit ohne Stress gelingen. Bei vielen Rezepten lohnt es sich, gleich eine größere Menge zu machen und so mit einmal Kochen zwei oder mehr Mittagspausen versorgt zu sein. Wer nicht täglich eine Lunchbox vorbereiten will, kann sich vielleicht mit Kollegen zusammentun und abwechselnd um die Verpfle-gung kümmern. Das verspricht halbe Arbeit, aber doppelten Genuss. An Tagen, an denen fast gar keine Zeit ist, verwandeln schnelle Extras wie der Möhrensalat (siehe S. 64) oder ein Dessert im Glas eine eilig belegte Käsestulle oder ein Brötchen vom Bäcker in einen Genießer-Lunch.

PERFEKT VERPACKT

Damit Ihr Lunch auch appetitlich da ankommt, wo Sie ihn essen möchten, muss eine geeignete Verpackung her – auslaufsicher, gut zu reinigen und praktisch! Die Auswahl reicht von der einfachen Brotbox bis zur mehrstöckigen Luxus-Bentobox. Es müssen aber gar nicht immer spezielle Behälter sein. Sandwiches, Wraps und Co. lassen sich auch gut in Frischhalte- oder Alufolie wickeln, in Butterbrotpapier oder Gefrierbeutel packen. Letztere sind auch ideal für Knabbergemüse, Muffins oder anderes festes Fingerfood. Ausgediente Eisdosen und Schraub- oder Vorratsgläser leisten ebenfalls gute Dienste. Heiße oder kalte Suppen kann man in einer Thermoskanne mitnehmen. Currys, Eintöpfe oder Ähnliches lässt sich in einem Thermosbehälter warm halten und transportieren.

GUT SERVIERT

Je nachdem, wie Ihr Arbeitsumfeld ausgestattet ist, sollten Sie daran denken, geeignetes Geschirr und Besteck mitzunehmen. Für die meisten Gerichte genügt es, sie bis zum Verzehr an einem kühlen Ort – also nicht direkt in der prallen Sonne – aufzubewahren. Empfindlichere Speisen und alles, was kalt besser schmeckt, sollten Sie in den Kühlschrank stellen. Heiße Speisen warm im Thermosbehälter mitnehmen oder in der Büro-Mikrowelle aufwärmen. Falls beides nicht vorhanden ist, hilft der Wasserkocher. Gerichte wie Eintöpfe am besten in gut schließende hitzefeste Gefrierbeutel packen, diese in eine Schüssel legen und mit heißem

Wasser übergießen. Nach 5 – 10 Min. sind die Speisen warm. Reis und Nudeln können Sie direkt in eine Schüssel mit heißem Wasser geben und nach ein paar Minuten abgießen. Brot und Gebäck lassen sich im oder auf dem Toaster erwärmen.

AUF DIE HAND

Hier ist Besteck überflüssig! Sandwiches und Fingerfood wie Wrap,
Mini-Quiche oder Sushi-Sandwich lassen sich prima mitnehmen und
ganz unkompliziert essen – nicht nur in der großen Pause oder im Büro,
sondern auch beim Picknick im Park oder auf Reisen.

ERDNUSS-HUMMUS MIT GEMÜSESTICKS

Mit viel Pflanzeneiweiß und Ballaststoffen ist die Kichererbsen-Paste ein super Sattmacher, der auch noch schnell zubereitet ist und wunderbar schmeckt.

130 g Kichererbsen
(aus der Dose)
1 TL Olivenöl
30 g ungesüßtes Erdnussmus
ca. 3 TL Zitronensaft
1 Msp. gemahlener
Kreuzkümmel
Salz
1 Spritzer flüssiger Honig
200 g Gemüse zum Knabbern
(z. B. Staudensellerie, Möhren,
Paprika, aber auch Apfel)
4 Vollkorn-Grissini
1 TL gesalzene und geröstete
Erdnüsse (nach Belieben)

Dip, dip, hurra! 🌿

Für 1 Portion |
15 Min. Zubereitungszeit
Pro Portion ca. 545 kcal,
23 g E, 26 g F, 55 g KH

1 Die Kichererbsen in ein Sieb gießen, kalt abspülen und gut abtropfen lassen. Dann mit dem Öl, dem Erdnussmus und 3 TL Zitronensaft in einen hohen Rührbecher oder in den Mixer geben und pürieren. Je nach Konsistenz der Kichererbsen noch 3 – 4 EL Wasser untermixen, sodass eine cremige Paste entsteht. Den Hummus mit dem Kreuzkümmel, Salz, Honig und eventuell noch etwas Zitronensaft abschmecken. Für den Transport in eine Box oder ein Schraubglas füllen.

2 Das Gemüse je nach Sorte putzen, waschen oder schälen und in mundgerechte Stifte bzw. Streifen oder Spalten schneiden. Apfelspalten mit etwas Zitronensaft beträufeln, damit sie sich nicht braun verfärben. Das Gemüse in eine Box oder einen Gefrierbeutel packen. Die Grissini extra verpacken.

3 Nach Belieben die Erdnüsse grob hacken und über den Hummus streuen. Den Hummus und die Gemüsesticks bis zum Lunch kühl aufbewahren. Mit den Grissini servieren.

TIPP

Bereiten Sie doch gleich die doppelte Menge Hummus zu. Er hält sich in einem verschlossenen Gefäß im Kühlschrank bis zu 5 Tage. So haben Sie mit dem gleichen Aufwand gleich zweimal Lunch vorbereitet. Für eine interessante Variation können Sie statt Erdnussmus übrigens auch einmal Mandelmus oder Tahin (Sesampaste) verwenden.

MINI-TOAST-QUICHES

3 Scheiben Toastbrot | 1 TL zimmerwarme Butter | 1 dünne Stange Lauch | 1 TL Öl | 1 Scheibe gekochter Schinken | Salz | Pfeffer | 1 Ei | 1 EL Ziegenfrischkäse | 1 EL Milch | frisch geriebene Muskatnuss | Muffinform

Würzig-knusprige Küchlein

Für 1 Portion | 20 Min. Zubereitungszeit | 10 Min. Backzeit
Pro Portion ca. 470 kcal, 22 g E, 24 g F, 40 g KH

1 Den Backofen auf 200° vorheizen. Die Toastscheiben entrinden und mit einem Nudelholz flach rollen. Auf einer Seite dünn mit Butter bestreichen und mit der gebutterten Seite nach unten vorsichtig in drei Mulden einer beschichteten Muffinform legen, sodass jede Brotscheibe ein Körbchen formt. Im heißen Ofen (Mitte) 2 – 3 Min. vorbacken, herausnehmen und etwas abkühlen lassen.

2 Inzwischen den Lauch putzen, gründlich waschen, längs halbieren und in feine Streifen schneiden. Das Öl in einer Pfanne erhitzen. Den Lauch dazugeben und unter Rühren 3 – 4 Min. andünsten. Den Schinken würfeln und untermischen. Mit Salz und Pfeffer würzen. Das Ei mit dem Ziegenfrischkäse und der Milch verquirlen und mit Salz, Pfeffer und Muskat würzen.

3 Die Lauch-Schinken-Mischung gleichmäßig auf die Brotkörbchen verteilen und die Eiermilch daraufgießen. Die Mini-Toast-Quiches Im Ofen (Mitte) ca. 10 Min. backen. Herausnehmen, kurz abkühlen lassen, vorsichtig aus der Form lösen und auf einem Kuchengitter auskühlen lassen. In eine mit Butterbrotpapier ausgelegte Box geben und bis zum Lunch kalt stellen. Entweder kalt genießen oder kurz in der Mikrowelle aufwärmen.

SPINAT-FETA-STRUDEL

2 Blätter Filoteig (aus dem Kühlregal) | 1 kleine Zwiebel | 1 TL Öl | 200 g TK-Blattspinat | 50 g Feta (Schafskäse) | 1 Eiweiß | Salz | Pfeffer | frisch geriebene Muskatnuss | 2 EL Butter | 4 TL Semmelbrösel | 1 TL weißer Sesam

Außen knusprig, innen saftig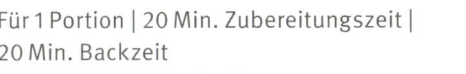

Für 1 Portion | 20 Min. Zubereitungszeit | 20 Min. Backzeit
Pro Portion ca. 710 kcal, 23 g E, 54 g F, 32 g KH

1 Den Teig aus dem Kühlschrank nehmen. Die Zwiebel schälen und fein würfeln. Das Öl in einer Pfanne erhitzen und die Zwiebel darin andünsten. Den Spinat und 2 EL Wasser dazugeben, den Spinat zugedeckt bei kleiner Hitze unter gelegentlichem Rühren in ca. 8 Min. auftauen lassen. Inzwischen den Feta mit einer Gabel zerdrücken, mit dem Eiweiß gut verrühren, salzen und pfeffern.

2 Den Spinat mit Salz, Pfeffer und Muskat würzen und ca. 5 Min. abkühlen lassen. Falls Flüssigkeit im Topf ist, diese abgießen. Den Backofen auf 200° vorheizen. Die Butter in einem Topf zerlassen, vom Herd nehmen und 2 EL Wasser unterrühren. Den Feta unter den Spinat rühren.

3 1 Teigblatt auslegen und mit Butter bestreichen. Das zweite Teigbatt darauflegen. Den Teigstapel zweimal durchschneiden, sodass man vier Quadrate erhält. Je 1 TL Semmelbrösel in die Mitte jedes Teigstücks streuen. Je ein Viertel der Spinatmischung daraufgeben, den Teig zu Strudeln aufrollen und die Enden wie Bonbonpapier zusammendrehen. Die Strudel auf ein Backblech legen, mit der übrigen Butter bestreichen und mit Sesam bestreuen. Im Ofen (Mitte) ca. 20 Min. backen. Auskühlen lassen. Kalt genießen oder aufwärmen.

ITALIENISCHER WRAP

Mit einem Herz aus aromatischem Hähnchensalat mischt die Sandwichrolle die Brotbox auf und wickelt garantiert alle um den Finger.

1 kleines Hähnchenbrustfilet (ca. 125 g)
1 Frühlingszwiebel
5 getrocknete Soft-Tomaten
75 g Doppelrahm-Frischkäse
1 EL Basilikum-Pesto (aus dem Glas)
1 kleines Römersalatherz
Salz | Pfeffer
1 Tortillawrap (25 cm ∅)
100 g Gemüse (z. B. Paprika und Salatgurke)

Glücksrolle

Für 1 Portion |
25 Min. Zubereitungszeit
Pro Portion ca. 645 kcal,
40 g E, 35 g F, 37 g KH

1 Das Hähnchenbrustfilet waschen, trocken tupfen und in einen Dämpfeinsatz legen. Den Einsatz in einen Topf mit wenig Wasser setzen, das Wasser zum Kochen bringen und das Hähnchenbrustfilet zugedeckt bei mittlerer Hitze je nach Dicke 12 – 15 Min. dämpfen. Oder das Hähnchenbrustfilet zugedeckt in einem Topf mit wenig Salzwasser in ca. 10 Min. garen.

2 Inzwischen die Frühlingszwiebel putzen, waschen und fein schneiden. Die getrockneten Tomaten in kleine Würfel schneiden. Den Frischkäse mit dem Pesto glatt rühren, die Frühlingszwiebel und die Tomaten untermischen. Das Hähnchenbrustfilet aus dem Topf nehmen und ca. 5 Min. abkühlen lassen.

3 Das Römersalatherz in die einzelnen Blätter teilen, waschen, abtropfen lassen und gut trocken tupfen. Das Hähnchenbrustfilet in sehr kleine Würfel schneiden und unter die Frischkäse-Pesto-Mischung rühren. Mit Salz und Pfeffer abschmecken.

4 Den Tortillawrap in einer Pfanne ohne Fett pro Seite ca. 1 Minute erwärmen, herausnehmen. Den Hähnchensalat darauf verteilen und glatt streichen. Mit Salatblättern belegen. Den Wrap aufrollen und stramm in Frischhaltefolie oder Alufolie wickeln. Bis zum Lunch kühl stellen. Das Gemüse putzen, je nach Sorte waschen oder schälen und in mundgerechte Stücke schneiden. Ebenfalls kalt stellen. Den Wrap mit dem Gemüse servieren.

TIPP Der Hähnchenaufstrich lässt sich prima schon am Vorabend zubereiten, ebenso können Sie die Salatblätter waschen und trocken tupfen. Beides getrennt kalt stellen. Den Wrap morgens belegen und aufrollen.

SUSHI-SANDWICH

Das etwas andere Pausenbrot ist genau das Richtige für alle, die Sushi lieben. Damit es sich gut mitnehmen lässt, kommt Räucherlachs statt roher Fisch zwischen den Reis.

100 g Sushi-Reis
3 EL Reisessig (oder anderer milder Essig)
½ TL Zucker
¼ reife Avocado
½ Beet Kresse
¼ Salatgurke
2 viereckige Nori-Blätter
2 dünne Scheiben geräucherter Lachs (ca. 30 g)
ca. 1 TL Wasabipaste
helle Sojasauce, eingelegter Ingwer und Wasabi zum Servieren (nach Belieben)

Sushi auf die Hand

Für 1 Portion |
25 Min. Zubereitungszeit
Pro Portion ca. 600 kcal,
17 g E, 22 g F, 84 g KH

1 Den Reis in ein Sieb geben und kalt abspülen, bis das Wasser klar ist. Gut abtropfen lassen, dann mit 150 ml Wasser in einem kleinen Topf aufkochen. Zugedeckt bei kleiner Hitze 10–12 Min. kochen lassen, dabei ab und zu rühren. Den Topf vom Herd nehmen und den Reis zugedeckt weitere ca. 5 Min. ziehen lassen.

2 Inzwischen den Essig erwärmen und den Zucker darin auflösen. Sorgfältig unter den warmen Reis mischen. Den Reis auf einem großen Teller flach ausbreiten und auskühlen lassen.

3 Die Avocado aus der Schale lösen und in schmale Spalten schneiden. Die Kresse vom Beet schneiden, waschen und trocken tupfen. Die Gurke längs halbieren, die Kerne herauskratzen und das Fruchtfleisch längs in schmale Streifen schneiden.

4 Die Nori-Blätter so auf der Arbeitsfläche ausbreiten, dass eine Spitze nach oben und eine nach unten zeigt. Je ein Viertel des Reises mit angefeuchteten Händen oder einem angefeuchteten Löffel quadratisch in der Mitte jedes Nori-Blattes verteilen und leicht andrücken. Je die Hälfte der Avocadoscheiben darauf verteilen, mit Lachs belegen und diesen dünn mit Wasabi bestreichen. Die Gurkenstreifen und die Kresse darauf verteilen (Bild 1). Den übrigen Reis daraufgeben und andrücken (Bild 2).

5 Die Ecken der Nori-Blätter mit Wasser anfeuchten und straff zur Mitte falten, sodass kleine Päckchen entstehen (Bild 3). Die Päckchen mit einem scharfen Messer halbieren. Die Hälften in eine Lunchbox legen oder in Frischhaltefolie wickeln. Nach Belieben Sojasauce, eingelegten Ingwer und Wasabipaste mitnehmen und die Sushi damit genießen.

GEFÜLLTE PITA-TASCHE

Das neue »It-Piece« in der Lunchbox steckt voller aromatischer Überraschungen und vertreibt mit Gemüse und Grillkäse neben dem Hunger auch noch das Mittagstief.

Für die Füllung:
½ Zucchino
½ Aubergine
1 kleine rote Spitzpaprika
1 EL Olivenöl
1 TL getrockneter Thymian
Salz | Pfeffer
50 g Halloumi (Grillkäse)
Öl zum Braten
Für die Sauce:
1 TL Tahin (Sesampaste)
25 g Joghurt
1 TL Zitronensaft
Salz
Außerdem:
1 Pita-Brot

Sommerliebling

Für 1 Portion |
30 Min. Zubereitungszeit
Pro Portion ca. 610 kcal,
22 g E, 38 g F, 45 g KH

1 Für die Füllung den Backofen auf 200° vorheizen. Den Zucchino und die Aubergine putzen und waschen. Den Zucchino längs halbieren und quer in dünne Scheiben schneiden. Die Aubergine in kleine Würfel schneiden. Die Paprika halbieren, Trennwände und Kerne entfernen, die Hälften waschen und in Streifen schneiden. Das Öl mit dem Thymian, Salz und Pfeffer verrühren. Das Gemüse dazugeben und gut mit dem Thymianöl vermischen. Auf einem mit Backpapier belegten Backblech ausbreiten und im heißen Ofen (Mitte) ca. 20 Min. garen.

2 Inzwischen den Halloumi in schmale Scheiben schneiden. Eine Grillpfanne oder beschichtete Pfanne dünn mit Öl ausstreichen. Den Halloumi darin pro Seite 2 – 3 Min. braten, dann aus der Pfanne nehmen.

3 Für die Sauce das Tahin und den Joghurt mit dem Zitronensaft glatt rühren. Mit Salz abschmecken.

4 Das Grillgemüse aus dem Ofen nehmen und auskühlen lassen. Grillgemüse und Halloumi in eine Vorratsdose füllen. Die Sauce extra verpacken. Das Pita-Brot – je nach Möglichkeit – zu Hause oder vor dem Essen toasten, aufschneiden und mit Grillgemüse, Halloumi und Sauce füllen.

TIPP Wenn Sie die Gelegenheit haben, empfehle ich, das Gemüse und den Halloumi vor dem Essen in der Mikrowelle noch kurz aufzuwärmen, das schmeckt einfach genial. Für eine noch schnellere Variante statt des Grillkäses ungebratene Feta-scheiben verwenden und anstelle der Tahin-Sauce gekauften Kräuterquark nehmen.

MAIS-FRITTERS MIT GUACAMOLE

Wenn die Avocadocreme die fluffigen kleinen Küchlein aus der Pfanne küsst, ist sich der Flurfunk im Büro ausnahmsweise mal einig: Das ist ein echtes Traumpaar.

1 Frühlingszwiebel
1 rote Chilischote
(nach Belieben)
1 kleine Dose Mais
(140 g Abtropfgewicht)
1 Ei
1 Spritzer + 1 TL Zitronensaft
3 EL Mineralwasser
mit Kohlensäure
50 g Mehl
1 Msp. Backpulver
Salz | Pfeffer
1 EL Öl
½ reife Avocado
1 Msp. gemahlener
Kreuzkümmel
125 g Kirschtomaten

Veggie-Lunch

Für 1 Portion |
25 Min. Zubereitungszeit
Pro Portion ca. 770 kcal,
21 g E, 45 g F, 68 g KH

1 Die Frühlingszwiebel putzen, waschen und fein schneiden. Nach Belieben die Chilischote halbieren, Kerne entfernen, die Hälften waschen und klein würfeln. Den Mais gut abtropfen lassen. Das Ei trennen und das Eiweiß mit 1 Spritzer Zitronensaft steif schlagen. Das Eigelb mit dem Mineralwasser verquirlen. Das Mehl und das Backpulver unterrühren. Die Frühlingszwiebel, die Chilischote und den Mais untermischen. Den Teig mit Salz und Pfeffer würzen und den Eischnee unterheben.

2 Das Öl in einer großen beschichteten Pfanne erhitzen. Den Teig darin zu 4–5 kleinen Küchlein backen. Dazu pro Küchlein 1 gehäuften EL Teig in die Pfanne geben und etwas flach streichen. Die Küchlein bei mittlerer Hitze pro Seite in 2–3 Min. goldbraun braten.

3 Inzwischen das Avocadofruchtfleisch aus der Schale lösen. Mit 1 TL Zitronensaft beträufeln und mit einer Gabel zerdrücken. Mit Salz und Kreuzkümmel würzen und sofort in eine gut schließende Dose füllen. Die Küchlein aus der Pfanne nehmen und auf Küchenpapier abtropfen lassen. Auskühlen lassen, in eine Lunchbox packen und kalt stellen. Die Tomaten waschen, trocken tupfen und in eine Box packen. Die Mais-Fritters kalt genießen oder vor dem Lunch kurz in der Mikrowelle aufwärmen. Die Guacamole und die Kirschtomaten dazu essen.

TIPP Damit die Guacamole nicht braun wird, am besten erst morgens zubereiten und den Avocadokern mit in die Dose legen. Er verhindert das schnelle Verfärben der Creme.

PIZZA-BRÖTCHEN

100 g Champignons | 1 TL Olivenöl | 100 g stückige Tomaten (aus der Dose) | Salz | Pfeffer | 1 TL getrockneter Oregano | 50 g Salami in Scheiben | 1 Rolle Brötchenteig (330 g; für 6 Stück; aus dem Kühlregal) | evtl. etwas Mehl zum Ausrollen | 2 EL Reibekäse

Die lieben auch Kinder als Pausenbrot

Für 6 Stück (2 Portionen) | 20 Min. Zubereitungszeit | 18 Min. Backzeit
Pro Portion ca. 605 kcal, 28 g E, 21 g F, 77 g KH

1 Die Champignons putzen und klein würfeln. Das Öl in einer beschichteten Pfanne erhitzen und die Champignons darin bei großer Hitze unter Wenden ca. 5 Min. braten. Die stückigen Tomaten dazugeben, mit Salz, Pfeffer und dem Großteil des Oreganos würzen und etwas einkochen lassen. Die Salami würfeln und unterrühren.

2 Den Backofen auf 200° vorheizen. Den Brötchenteig in die vorgegebenen 6 Stücke teilen. Jedes Stück flach rollen, dabei eventuell etwas Mehl verwenden. Je 1 gehäuften EL Füllung auf jedes Teigstück geben, etwas Reibekäse darauf verteilen und die Teigränder über der Füllung zusammennehmen. Gut verschließen und mit den Händen zu runden Brötchen rollen.

3 Die Brötchen auf ein mit Backpapier belegtes Blech legen, dünn mit Wasser bestreichen und mit dem übrigen Oregano bestreuen. Im Ofen (Mitte) ca. 18 Min. backen. Auskühlen lassen.

TIPP
Die Brötchen kalt essen oder auf dem Toaster erwärmen. Sie halten sich kühl aufbewahrt bis zu 2 Tage, eingefroren ca. 2 Monate. Dann über Nacht bei Zimmertemperatur auftauen.

HERZHAFTE KÜRBIS-MUFFINS

¼ Hokkaido-Kürbis (ca. 250 g) | 50 g Mehl | 50 g Maismehl | 1 gestr. TL Backpulver (4 g) | ½ TL Salz | Pfeffer | 2 EL Röstzwiebeln (Fertigprodukt) | 1 Ei (M) | 3 EL Rapsöl | 100 ml Mineralwasser mit Kohlensäure | 75 g Ziegenfrischkäse | 2 Zweige Thymian

Super für den Vorrat

Für 6 Stück (3 Portionen) | 25 Min. Zubereitungszeit | 25 Min. Backzeit
Pro Portion ca. 405 kcal, 11 g E, 23 g F, 40 g KH

1 Den Kürbis waschen und die Kerne entfernen. Ca. 100 g Fruchtfleisch sehr klein würfeln. Den Rest grob zerkleinern und in einem Topf mit Wasser zugedeckt bei mittlerer Hitze in ca. 15 Min. weich garen. Die kleinen Kürbiswürfel mit 2 – 3 EL Wasser in einen Topf geben, aufkochen und zugedeckt in ca. 10 Min. bissfest dünsten, abgießen und auskühlen lassen. Weich gekochten Kürbis abgießen, kurz abkühlen lassen und fein pürieren.

2 Den Backofen auf 175° vorheizen. Sechs Mulden einer Muffinform mit Papierförmchen auslegen. Beide Mehle, Backpulver, Salz, Pfeffer und Röstzwiebeln mischen. Ei, Öl und Mineralwasser mit den Rührbesen des Handrührgerätes verquirlen, die Mehlmischung rasch unterrühren und die Kürbiswürfel unterheben. Den Teig in die Form füllen, im Ofen (Mitte) 20 – 25 Min. backen. Herausnehmen, kurz abkühlen lassen, aus der Form lösen und auskühlen lassen.

3 Inzwischen das Kürbispüree mit dem Ziegenfrischkäse glatt rühren. Thymian waschen, trocken schütteln, fein hacken und unterrühren. Den Dip salzen und pfeffern. Muffins und Dip getrennt verpacken. Die Muffins auf dem Toaster erwärmen.

ERBSEN-TORTILLA MIT TOMATENSALSA

Der eiweißreiche Sattmacher schmeckt wie in der Tapas-Bar und macht die Mittagspause zum Kurzurlaub im Süden. Augen zu und reinbeißen!

Für die Tortilla:
1 kleine Zwiebel
1 Kartoffel (ca. 120 g)
2 TL Olivenöl
100 g TK-Erbsen
2 Eier (M)
Salz | Pfeffer
Für die Salsa:
2 Stängel Basilikum
2 Tomaten
1 TL Zitronensaft
1 Spritzer flüssiger Honig
Salz | Pfeffer

Fiesta española!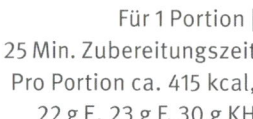

Für 1 Portion |
25 Min. Zubereitungszeit
Pro Portion ca. 415 kcal,
22 g E, 23 g F, 30 g KH

1 Für die Tortilla die Zwiebel schälen und fein würfeln. Die Kartoffel schälen, waschen und grob raspeln. 1 TL Öl in einer kleinen beschichteten Pfanne erhitzen. Die Zwiebel darin ca. 2 Min. andünsten. Die Kartoffelraspel dazugeben und unter Wenden 2 – 3 Min. anbraten. Die Erbsen unaufgetaut hinzufügen und alles zugedeckt 3 – 4 Min. dünsten. Aus der Pfanne nehmen und ca. 5 Min. abkühlen lassen.

2 Inzwischen die Eier verquirlen und mit Salz und Pfeffer würzen. Die Kartoffelmischung dazugeben und gut unterrühren. Die Pfanne mit Küchenpapier auswischen. Das übrige Öl in der Pfanne erhitzen. Die Eiermasse hineingeben, glatt streichen und bei mittlerer Hitze 5 – 6 Min. stocken lassen, bis die Oberfläche anfängt fest zu werden. Die Tortilla vom Pfannenrand lösen, auf einen Topfdeckel oder Teller stürzen und wieder in die Pfanne gleiten lassen. Weitere 2 – 3 Min. backen.

3 Inzwischen für die Salsa das Basilikum waschen, trocken schütteln und klein schneiden. Die Tomaten waschen, trocken tupfen, vierteln und die Stielansätze herausschneiden. Das Fruchtfleisch klein würfeln. Mit dem Zitronensaft, Honig, Salz und Pfeffer abschmecken. Das Basilikum untermischen.

4 Die Tortilla aus der Pfanne nehmen und auskühlen lassen. Vierteln und in eine Lunchbox packen. Die Salsa in ein Schraubglas füllen. Die Erbsen-Tortilla kalt mit der Tomatensalsa genießen. Dazu schmeckt Staudensellerie.

AUF DIE GABEL

Tschüss, Langweiler-Lunch! Sattmacher-Salate im Glas, raffiniert gefüllte Bowls oder herzhafte Mini-Schnitzel mischen die Lunchbox mit viel Abwechslung raffiniert auf und lassen die Kantine oder den Bäcker um die Ecke alt aussehen.

GRIECHISCHER NUDELSALAT

Wenig Zutaten, aber ganz viel Geschmack: Diesen Veggie-Salat mit frischem
Zitronen-Dressing gabelt jeder gerne auf.

150 g grüne Bohnen
Salz
80 g Kritharaki-Nudeln (auch
Reisnudeln oder Orzo genannt)
1 Bio-Zitrone
1½ EL Olivenöl
Pfeffer
¼ Bund Petersilie
50 g Kirschtomaten
5 schwarze Oliven (entsteint)
30 g Feta (Schafskäse)

Einfacher geht's nicht

Für 1 Portion |
20 Min. Zubereitungszeit
Pro Portion ca. 650 kcal,
15 g E, 30 g F, 79 g KH

1 Die Bohnen putzen, waschen und in ca. 4 cm lange Stücke
schneiden. In Salzwasser ca. 12 Min. kochen. Gleichzeitig die Nudeln in Salzwasser nach Packungsanweisung bissfest kochen.

2 Inzwischen die Zitrone heiß waschen und abtrocknen, die
Schale abreiben und den Saft auspressen. 1 EL Saft und
1 TL Schale mit dem Öl glatt rühren. Mit Salz und Pfeffer abschmecken. Die Petersilie waschen, trocken schütteln und fein
schneiden. Die Petersilie unter das Dressing rühren. Die Tomaten
waschen, trocken tupfen und halbieren. Die Oliven in Ringe
schneiden und den Feta würfeln.

3 Die Bohnen in ein Sieb abgießen, kalt abschrecken, abtropfen
und auskühlen lassen. Die Nudeln ebenfalls in ein Sieb abgießen,
sofort gut mit dem Dressing mischen und abkühlen lassen. In ein
Schraubglas (ca. 500 ml Inhalt) nacheinander Nudeln, Bohnen-
stücke, Tomatenhälften, Olivenringe und Fetawürfel einschichten.
Das Glas verschließen und bis zum Servieren kalt stellen.

TIPP Für einen italienisch inspirierten Nudelsalat anstelle der
Bohnen 150 g vorbereiteten grünen Spargel in ca. 2 cm lange
Stücke schneiden und in Salzwasser ca. 5 Min. garen. Die
Petersilie durch Basilikum ersetzen und dieses in schmale
Streifen schneiden. Und statt dem Feta ein paar Mini-Mozza-
rella-Kugeln halbieren oder vierteln und auf die anderen Zu-
taten schichten.

GNOCCHI-SALAT MIT LACHS

150 g grüner Spargel | Salz | 100 g Gnocchi (aus dem Kühlregal) | 2 EL Crème fraîche | 2 EL Buttermilch | ¼ Bund Dill | Pfeffer | 1 Handvoll Rucola | 75 g heiß geräucherter Lachs (ersatzweise normaler geräucherter Lachs)

Richtig schnelle Nummer

Für 1 Portion | 20 Min. Zubereitungszeit
Pro Portion ca. 565 kcal, 30 g E, 31 g F, 41 g KH

1 Den Spargel waschen. Die holzigen Enden abschneiden und die Stangen im unteren Drittel schälen. Spargelstangen dann schräg in 1 – 2 cm breite Stücke schneiden. Reichlich Salzwasser aufkochen. Die Spargelstücke darin ca. 2 Min. kochen, dann die Gnocchi dazugeben und ca. 3 Min. garen, bis sie an die Oberfläche steigen. Gnocchi und Spargel in ein Sieb abgießen, kalt abschrecken und abtropfen lassen.

2 Die Crème fraîche mit der Buttermilch glatt rühren. Den Dill waschen, trocken schütteln und fein schneiden. Den Dill unter das Dressing rühren, mit Salz und Pfeffer abschmecken. Die warmen Gnocchi und den Spargel untermischen und das Ganze auskühlen lassen. Den Rucola waschen, trocken schütteln und grobe Stiele entfernen. Große Blätter etwas kleiner zupfen oder scheiden.

3 Die Gnocchi-Spargel-Mischung in eine Lunchbox oder ein Schraubglas (ca. 500 ml Inhalt) füllen. Den geräucherten Lachs klein zupfen und darauf verteilen. Den Rucola daraufstreuen. Dose oder Glas verschließen und bis zum Lunch kalt stellen.

SPICY KICHERERBSENSALAT

130 g Kichererbsen (aus der Dose) | 1 Schalotte | 1 rote Spitzpaprika | 50 g Chorizo am Stück (span. Paprikawurst) | 1 TL Rapsöl | ½ TL gemahlener Kreuzkümmel | 1 EL Weißweinessig | 1 EL Zitronensaft | Salz | Pfeffer | 2 Stängel Petersilie | 50 g Baby-Blattspinat

Rasante Mischung

Für 1 Portion | 20 Min. Zubereitungszeit
Pro Portion ca. 365 kcal, 19 g E, 24 g F, 19 g KH

1 Die Kichererbsen in ein Sieb abgießen, abspülen und abtropfen lassen. Schalotte schälen und fein würfeln, Paprika halbieren, Trennwände und Kerne entfernen, die Hälften waschen und klein würfeln. Die Chorizo längs halbieren und in kleine Stücke schneiden. In eine kalte Pfanne ohne Fett geben, den Herd anstellen und die Chorizo unter Wenden ca. 5 Min. braten, herausnehmen.

2 Das Öl in die Pfanne geben. Die Kichererbsen dazugeben und unter Rühren ca. 5 Min. braten. Die Schalotte und die Paprika hinzufügen und alles ca. 3 Min. braten. Kreuzkümmel, Essig und Zitronensaft dazugeben. Die Chorizo unterrühren. Mit Salz und Pfeffer abschmecken. Vom Herd nehmen und auskühlen lassen.

3 Die Petersilie waschen, trocken schütteln, fein hacken und untermischen. Den Salat in eine Lunchbox oder ein Schraublas (ca. 500 ml Inhalt) geben. Den Spinat waschen, trocken schütteln und darauflegen. Das Glas verschließen und den Kichererbsensalat bis zum Genuss kalt stellen.

TIPP

Vegetarier lassen die Chorizo weg, braten die Kichererbsen in 2 TL Öl an und mischen zum Schluss 50 g zerkrümelten Feta unter.

ROTE-BETE-GLASNUDELSALAT

Wenn Sie diesen Knaller auspacken, trauen die Kollegen ihren Augen nicht! Der Trick für so viel Farbe: Die Asia-Nudeln werden in Rote-Bete-Saft statt in Wasser gegart.

75 ml Rote-Bete-Saft
50 g Glasnudeln
2 TL milder Weißweinessig
1 TL Sojasauce
2 TL Öl
100 g TK-Erbsen
½ Salatgurke
2 Frühlingszwiebeln
½ Bund Minze
100 g rohe Garnelen
(küchenfertig, ohne Kopf,
Schwanz und Schale)
1 TL weißer Sesam
Salz | Pfeffer

Pretty in pink

Für 1 Portion |
25 Min. Zubereitungszeit
Pro Portion ca. 495 kcal,
28 g E, 16 g F, 61 g KH

1 Den Rote-Bete-Saft mit 2 EL Wasser in einen kleinen Topf geben und aufkochen. Die Glasnudeln dazugeben und unter Rühren ca. 5 Min. garen, bis sie die Flüssigkeit vollständig aufgesogen haben und weich sind. Werden sie trocken, noch etwas Wasser hinzufügen. Den Topf vom Herd nehmen. Den Essig, die Sojasauce und 1 TL Öl verrühren und die Mischung sofort unter die warmen Nudeln rühren. Auskühlen lassen.

2 Inzwischen die TK-Erbsen in einer Schüssel mit kochendem Wasser übergießen und ca. 5 Min. ziehen lassen. Abgießen und gut abtopfen lassen. Die Gurke putzen, waschen, streifig schälen und längs halbieren. Die Kerne mit einem Löffel herauskratzen. Das Fruchtfleisch quer in Scheiben schneiden. Die Frühlingszwiebeln putzen, waschen und in dünne Ringe schneiden. Die Minze waschen, trocken schütteln und fein hacken. Erbsen, Gurke, Zwiebelringe und Minze mischen.

3 Das übrige Öl in einer beschichteten Pfanne erhitzen. Die Garnelen darin unter Wenden 4 – 5 Min. braten, bis sie rosa geworden sind, den Sesam untermischen, die Garnelen mit Salz und Pfeffer würzen und auskühlen lassen.

4 Zum Mitnehmen die Glasnudeln in eine Lunchbox oder ein großes Schraubglas (ca. 500 ml Inhalt) füllen. Die Gemüsemischung daneben- oder daraufgeben und mit den Sesamgarnelen toppen. Den Salat bis zum Lunch kühl stellen.

BURRITO-BOWL MIT STEAK

40 g Langkornreis | Salz | 100 g Rindersteak |
1 TL Öl | 1 gestr. TL scharfes geräuchertes
Paprikapulver (ersatzweise rosenscharfes) |
1 kleine Dose Kidneybohnen (212 ml Abtropfge-
wicht) | 100 g Mais (aus der Dose) | 1 Mini-
Römersalat | 1 kleine rote Spitzpaprika |
50 g saure Sahne | 2 TL Limettensaft | Pfeffer |
Chilisauce zum Servieren (nach Belieben)

Viva Mexico!

Für 1 Portion | 25 Min. Zubereitungszeit
Pro Portion ca. 795 kcal, 44 g E, 26 g F, 94 g KH

1 Den Reis in Salzwasser nach Packungsanweisung zugedeckt garen. Inzwischen das Steak trocken tupfen und quer in dünne Scheiben schneiden. Mit dem Öl und dem Paprikapulver
vermischen und kurz ziehen lassen.

2 Bohnen und Mais getrennt abgießen. Die Bohnen kalt abspülen und gut abtropfen lassen. Den
Salat putzen, waschen, trocken schütteln und in
die einzelnen Blätter teilen. Die Paprika halbieren,
Trennwände und Kerne entfernen, die Hälften waschen und in schmale Streifen schneiden. Die
saure Sahne mit dem Limettensaft glatt rühren und
mit Salz abschmecken.

3 Den Reis in ein Sieb abgießen, kalt abbrausen
und abtropfen lassen. Die Bohnen untermischen
und alles auskühlen lassen. Das Fleisch in einer
Pfanne ohne Fett bei mittlerer Hitze unter Rühren
3 – 4 Min. braten. Mit Salz und Pfeffer würzen. Eine
Lunchbox mit den Salatblättern auslegen. Den
Bohnen-Reis daraufgeben, mit Paprika, Mais und
Steak belegen. Die saure Sahne extra verpacken.
Die Burrito-Bowl mit der sauren Sahne toppen und
nach Belieben mit Chilisauce servieren.

BUDDHA-BOWL

120 g Kichererbsen (aus der Dose) | 1 Süß-
kartoffel (ca. 200 g) | 2 TL Rapsöl | ¼ TL Chili-
flocken | Salz | 3 Msp. Zimtpulver | Pfeffer |
200 g Rotkohl (ca. ¼ kleiner Kopf) | 1 Handvoll
Baby-Mangold (ca. 40 g; ersatzweise Rucola) |
1 EL Tahin (Sesampaste) | ½ TL Zitronensaft |
1 EL Granatapfelkerne

Veganer Sattmacher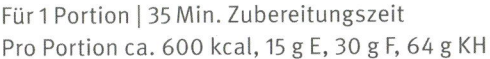

Für 1 Portion | 35 Min. Zubereitungszeit
Pro Portion ca. 600 kcal, 15 g E, 30 g F, 64 g KH

1 Den Backofen auf 200° vorheizen. Die Kichererbsen in ein Sieb abgießen, kalt abspülen, abtropfen lassen und sehr gut trocken tupfen. Die Süß-
kartoffel schälen und in 1 – 2 cm breite Spalten
schneiden. 1 TL Öl mit den Chiliflocken und Salz
verrühren. Die Kichererbsen untermischen und auf
einer Seite eines mit Backpapier belegten Back-
blechs verteilen. Das übrige Öl mit dem Zimt, Salz
und Pfeffer mischen. Die Süßkartoffelspalten gut
untermischen und auf die zweite Hälfte des Blechs
legen. Im Ofen (Mitte) 20 – 25 Min. backen.

2 Inzwischen den Rotkohl waschen und sehr fein
hobeln. Den Mangold waschen und trocken schütteln. Das Tahin mit 1–2 EL Wasser und dem Zitronensaft glatt rühren. Mit Salz und Pfeffer abschmecken und in eine kleine Dose füllen.

3 Das Blech aus dem Ofen nehmen und Kichererbsen und Süßkartoffeln auskühlen lassen. Mit
dem Rotkohl, dem Mangold und den Granatapfel-
kernen in eine Lunchbox packen und kühl stellen.
Die Buddha-Bowl mit der Sesamsauce genießen.

THAI-FISCHTALER MIT GURKENSALAT

Wer hätte gedacht, dass sich aus neun Zutaten so ein raffiniertes Essen zaubern lässt?
Wer hungrig ist und noch Reste vom Abendessen hat, packt gekochten Reis mit ein.

2 Frühlingszwiebeln
150 g weißes Fischfilet
(z. B. Seelachs oder Kabeljau)
1 TL Speisestärke
½ TL rote Thai-Currypaste
1 Spritzer + 1 TL Zitronensaft
Salz
1 EL Öl
½ Salatgurke
2 EL süßsaure Chilisauce
für Huhn

Super easy

Für 1 Portion |
20 Min. Zubereitungszeit
Pro Portion ca. 280 kcal,
28 g E, 11 g F, 17 g KH

1 Die Frühlingszwiebeln putzen, waschen und fein schneiden. Den Fisch kalt abspülen, trocken tupfen und grob würfeln. Mit den Frühlingszwiebeln, der Stärke, der Currypaste, 1 Spritzer Zitronensaft, etwas Salz und 1 EL Wasser mit dem Pürierstab oder im Mixer rasch fein pürieren. Nicht zu lange am Stück pürieren, sonst wird die Masse zu warm. Die Masse mit leicht angefeuchteten Händen zu ca. 5 kleinen, flachen Talern formen.

2 Das Öl in einer beschichteten Pfanne erhitzen und die Fischtaler darin bei mittlerer Hitze pro Seite ca. 5 Min. braten. Inzwischen die Gurke waschen, streifig schälen und längs halbieren. Die Kerne mit einem Löffel herauskratzen. Die Gurkenstücke in Scheiben schneiden und mit der Chilisauce und 1 TL Zitronensaft mischen, eventuell mit etwas Salz abschmecken.

3 Die Fischtaler aus der Pfanne nehmen und auskühlen lassen. Taler und Salat getrennt verpacken und bis zum Lunch kühl stellen. Die Fischtaler schmecken kalt oder in der Mikrowelle kurz aufgewärmt. Den Gurkensalat zu den Fischtalern servieren

TIPP Die Fischtaler lassen sich prima auf Vorrat einfrieren. Bereiten Sie gleich die doppelte oder dreifache Menge zu. Anschließend die ausgekühlten Taler auf einem Tablett ausbreiten und 2–3 Stunden vorfrieren. Sobald sie fest sind, in Gefrierbeutel umfüllen. So lassen sie sich einzeln entnehmen. Am Vorabend aus dem Tiefkühlfach nehmen und über Nacht im Kühlschrank auftauen lassen.

SCHARFER NUDELSALAT

75 g kurze Nudeln (z. B. Penne) | Salz | 1 EL Harissa (scharfe Würzpaste) | 1 EL Olivenöl |
1 TL Apfelessig | 1 Spritzer flüssiger Honig |
90 g gegrillte Paprika (aus dem Glas) |
75 g Mini-Mozzarella | 4 Stängel Basilikum

Das Dressing macht's

Für 1 Portion | 20 Min. Zubereitungszeit
Pro Portion ca. 620 kcal, 23 g E, 28 g F, 65 g KH

1 Die Penne nach Packungsanweisung in Salzwasser bissfest garen. Inzwischen für das Dressing das Harissa, das Öl, den Essig, den Honig und 1 EL Nudelkochwasser glatt rühren. Mit Salz abschmecken. Die Nudeln in ein Sieb abgießen, kurz abtropfen lassen und noch warm mit dem Dressing mischen. Abkühlen lassen.

2 Die gegrillten Paprika abgießen, gut abtropfen lassen, mit Küchenpapier trocken tupfen und in Streifen schneiden. Den Mini-Mozzarella ebenfalls gut abtropfen lassen und die Kugeln halbieren. Das Basilikum waschen, trocken schütteln und die Blätter abzupfen.

3 Die Nudeln in ein großes Schraub- oder Vorratsglas (mindestens 500 ml Inhalt) geben. Darauf zuerst die Paprikastreifen, dann die Mozzarellahälften schichten. Die Basilikumblätter obendrauf verteilen. Das Glas verschließen und den Nudelsalat bis zum Lunch kalt stellen. Vor dem Essen Zimmertemperatur annehmen lassen und alle Zutaten gut vermischen.

SPAGHETTI-SALAT MIT TOMATEN

80 g Spaghetti | Salz | ½ Bio-Zitrone | 2 EL mildes Olivenöl | Pfeffer | 125 g Kirschtomaten | ½ Zucchino (ca. 200 g) | ½ Bund Basilikum | 30 g Parmesan (am Stück)

Schnell gemachter Sommerhit

Für 1 Portion | 20 Min. Zubereitungszeit
Pro Portion ca. 625 kcal, 23 g E, 30 g F, 64 g KH

1 Die Spaghetti nach Packungsanweisung in Salzwasser bissfest garen. Inzwischen die Zitronenhälfte heiß waschen, abtrocknen, die Schale abreiben und 1 TL Saft auspressen. Beides mit dem Öl verrühren. Mit Salz und Pfeffer kräftig abschmecken. Die Nudeln in ein Sieb abgießen, abtropfen lassen und noch warm unter das Dressing mischen. Das Ganze etwas abkühlen lassen.

2 Die Tomaten waschen, trocken tupfen und halbieren oder vierteln. Den Zucchino putzen, waschen, trocken tupfen und mit dem Spiralschneider zu dünnen »Spaghetti« schneiden. Oder mit einem Sparschäler der Länge nach in schmale »Tagliatelle« schneiden. Die Tomaten und die Zucchinistreifen unter die lauwarmen Nudeln mischen. Den Salat auskühlen lassen.

3 Das Basilikum waschen, trocken schütteln und die Blätter abzupfen. Den Parmesan in dünne Späne hobeln. Die Nudel-Gemüse-Mischung in eine Lunchbox packen. Die Basilikumblätter und die Parmesanspäne darauf verteilen. Den Spaghetti-Salat bis zum Lunch kühl stellen.

MINISCHNITZEL MIT WALDORFSALAT

Ein Salat, der nicht schlapp macht, und deftig panierte Schnitzelchen, die kalt oder warm schmecken – das ist das Erfolgsrezept für eine tolle Mittagspause.

Für die Schnitzel:
100 g Schweinefilet
Salz | Pfeffer
2 TL mittelscharfer Senf
2 EL Röstzwiebeln (Fertigprodukt)
2 EL Semmelbrösel
1 EL Rapsöl
Für den Waldorfsalat:
200 g Knollensellerie
1 kleiner rotschaliger Apfel
15 g Walnusskerne
1 EL Crème fraîche
40 g Joghurt
1 TL Zitronensaft
1 Spritzer flüssiger Honig
Salz | Pfeffer

Tolle Kombi für Hungrige

Für 1 Portion |
25 Min. Zubereitungszeit
Pro Portion ca. 715 kcal,
33 g E, 42 g F, 51 g KH

1 Für die Schnitzel das Schweinefilet trocken tupfen und in ca. 0,5 cm schmale Scheiben schneiden, sodass fünf Schnitzelchen entstehen. Die Schnitzelchen nacheinander zwischen zwei Lagen Frischhaltefolie legen und mit einem schweren Topf etwas flacher klopfen.

2 Die Schnitzel mit Salz und Pfeffer würzen und auf beiden Seiten mit Senf bestreichen. Die Röstzwiebeln und die Semmelbrösel in einem tiefen Teller mischen. Die Schnitzel darin wenden und die Panade mit den Fingern etwas andrücken. Das Öl in einer beschichteten Pfanne erhitzen und die Schnitzel darin bei mittlerer Hitze pro Seite 2 – 3 Min. braten. Auf Küchenpapier abtropfen und auskühlen lassen.

3 Inzwischen für den Waldorfsalat den Sellerie putzen, schälen und grob raspeln. Den Apfel waschen und um das Kerngehäuse herum ebenfalls grob raspeln. Die Walnusskerne in einer Pfanne ohne Fett rösten und grob hacken. Die Crème fraîche, den Joghurt, den Zitronensaft und den Honig zu einem Dressing verrühren und mit Salz und Pfeffer abschmecken. Sellerie, Apfel und Nüsse unter das Dressing mischen. Die Schnitzel und den Salat getrennt verpacken und bis zum Genuss kühl stellen.

TIPP Der Waldorfsalat bleibt gut verpackt im Kühlschrank bis zu 3 Tage frisch. Es lohnt sich also, gleich die doppelte Menge zuzubereiten. Er schmeckt auch solo oder mit Brot als eigenständiger kleiner Lunch. Außerdem passt er gut zu kurzgebratenem Fleisch oder Fisch.

RAINBOW-SALAT IM GLAS

30 g Quinoa | Salz | 1 Möhre | 1 Rote Bete |
½ Mango | 4 Radieschen mit Grün | 2 Handvoll
Feldsalat | 2 EL Joghurt | ca. 2 TL Zitronensaft |
1 EL Olivenöl | 1 TL Ahornsirup | Pfeffer

Bunter Muntermacher

Für 1 Portion | 25 Min. Zubereitungszeit
Pro Portion ca. 370 kcal, 10 g E, 14 g F, 49 g KH

1 Die Quinoa in ein feines Sieb geben und unter
kaltem Wasser gründlich abspülen. Mit 80 ml Wasser in einen Topf geben, aufkochen, salzen und bei
kleiner Hitze zugedeckt ca. 18 Min. köcheln lassen.
Anschließend eventuell noch vorhandene Flüssigkeit abgießen und die Quinoa auskühlen lassen.

2 Inzwischen die Möhre putzen, schälen und mit
einem Spiralschäler oder einem Sparschäler in
feine Streifen schneiden. Die Rote Bete schälen

und grob raspeln. Die Mango schälen und das
Fruchtfleisch klein würfeln. Die Radieschen putzen,
waschen und in dünne Scheiben schneiden, die
Blätter hacken. Den Feldsalat verlesen, waschen
und trocken schütteln.

3 Den Joghurt mit Zitronensaft, Öl und Ahornsirup
verrühren. Mit Salz und Pfeffer abschmecken. Das
Dressing in ein Schraubglas (ca. 500 ml Inhalt) geben. Die Radieschenblätter unter die Quinoa rühren und auf das Dressing füllen. Dann die Möhren-
streifen, die Rote-Bete-Raspel, die Mangowürfel,
die Radieschenscheiben und zum Schluss den
Feldsalat einschichten. Das Glas verschließen und
kalt stellen. Vor dem Lunch den Inhalt des Glases
in eine große Schüssel kippen und vermischen.

COUSCOUS-SALAT MIT HACKBÄLLCHEN

75 g Couscous | ½ Bund Petersilie | 100 g grüne Bohnen | Salz | 1 kleine rote Spitzpaprika | 1 EL Olivenöl | 1 TL flüssiger Honig | 1 EL Zitronensaft | Pfeffer | 1 geh. EL Semmelbrösel | 1 EL Milch | 75 g Rinderhackfleisch | 1 TL Harissa (scharfe Würzpaste) | 1 TL Öl

Orient-Express

Für 1 Portion | 25 Min. Zubereitungszeit
Pro Portion ca. 645 kcal, 32 g E, 22 g F, 80 g KH

1 Den Couscous in einer Schüssel mit 120 ml kochendem Wasser übergießen. Zugedeckt ca. 5 Min. ziehen lassen. Die Petersilie waschen, trocken schütteln und fein hacken. Die Bohnen putzen, waschen, in ca. 4 cm lange Stücke schneiden und in Salzwasser ca. 12 Min. garen. Die Paprika halbieren, Trennwände und Kerne entfernen, die Hälften waschen und klein würfeln. Den Couscous mit einer Gabel auflockern und abkühlen lassen. Die Bohnen in ein Sieb abgießen, kalt abschrecken und gut abtropfen lassen.

2 Öl, Honig und Zitronensaft verrühren. Mit Salz und Pfeffer kräftig abschmecken und unter den Couscous mischen. Bohnen, Paprika und Petersilie unterrühren. Mit Salz und Pfeffer abschmecken.

3 Die Semmelbrösel in einer Schüssel mit der Milch mischen und kurz ziehen lassen. Hackfleisch, Harissa, Salz und Pfeffer dazugeben und alles zu einer glatten Masse verkneten. Zu ca. 8 walnussgroßen Bällchen formen. Das Öl in einer Pfanne erhitzen und die Bällchen darin rundherum 6 – 8 Min. braten. Abkühlen lassen. Den Salat in eine Lunchbox füllen, die Hackbällchen darauflegen und das Ganze kühl stellen.

AUF DEN LÖFFEL

Dampfende Suppen, aromatisches Curry und deftige Eintöpfe – hier kommen echte Wohlfühlessen, die Löffel für Löffel für gute Laune sorgen. So macht die Mittagspause noch mehr Spaß und Sie gehen gut gelaunt und gestärkt in den Nachmittag.

SCHNELLES HÄHNCHEN-CURRY

Aromatherapie in der Mittagspause: Schließen Sie kurz die Augen und lassen Sie sich vom Duft der Currygewürze mal eben in eine exotische Welt entführen.

1 kleine Zwiebel
1 Stück Ingwer (ca. 2 cm)
150 g Hähnchenbrustfilet
1 EL Öl
1 TL Currypulver
1 EL Tomatenmark
75 g Kokosmilch
200 g TK-Brokkoli
Salz
1 EL Mango-Chutney
(aus dem Glas)
Pfeffer
1 TL Zitronensaft
1 Naan-Brot (indisches
Fladenbrot)

Asia-Feeling in der Pause

Für 1 Portion |
25 Min. Zubereitungszeit
Pro Portion ca. 750 kcal,
48 g E, 39 g F, 53 g KH

1 Die Zwiebel und den Ingwer schälen und fein würfeln. Das Hähnchenbrustfilet waschen, trocken tupfen und in kleine Würfel schneiden. Das Öl in einem Topf erhitzen und die Zwiebel darin unter Rühren andünsten. Den Ingwer und das Fleisch dazugeben und unter Wenden ca. 5 Min. braten. Das Currypulver darüberstäuben und das Tomatenmark unterrühren. 100 ml Wasser angießen und die Kokosmilch dazugeben. Zum Kochen bringen und alles ca. 15 Min. köcheln lassen.

2 Inzwischen den Brokkoli nach Packungsanweisung in Salzwasser bissfest garen, in ein Sieb abgießen, kalt abschrecken, abtropfen und auskühlen lassen.

3 Das Mango-Chutney unter das Curry rühren. Mit Salz, Pfeffer und Zitronensaft abschmecken und ebenfalls auskühlen lassen. Den Brokkoli unter das Curry mischen. Das Ganze ausgekühlt in eine Lunchbox füllen. Bis zum Essen kalt stellen und kurz zuvor in der Mikrowelle erhitzen. Oder morgens daheim erhitzen und in einem Thermosbehälter mitnehmen. Das Naan-Brot dazu vor Ort oder zu Hause toasten.

TIPP Für ein schnelles vegetarisches Curry verwende ich statt dem Hähnchenfleisch 1 Dose Kichererbsen (240 g Abtropfgewicht). Diese in ein Sieb abgießen, abtropfen lassen und zur angedünsteten Zwiebel geben. 75 ml Wasser dazugeben und alles ca. 10 Min. köcheln. Wenn Sie Paneer (fester indischer Frischkäse; Asia- oder Bioladen) bekommen, können Sie auch damit eine Veggie-Variante zaubern: Paneer klein würfeln und anstelle des Hähnchenfleisches anbraten.

CREMIGE SÜSSKARTOFFELSUPPE

Überraschung: Weiße Bohnen machen die Suppe schön cremig und sättigend, Mango sorgt für eine fruchtig-frische Note. Das kann nur noch eine frische Minzcreme toppen.

Für die Suppe:
1 kleine Zwiebel
400 g Süßkartoffeln
120 g weiße Bohnen
(aus der Dose)
1 EL Rapsöl
400 ml Gemüsebrühe
½ Mango
Salz | Pfeffer
Für die Minzcreme:
3 Stängel Minze
50 g Crème fraîche
Salz

Fruchtig & minzfrisch 🌿

Für 2 Portionen |
25 Min. Zubereitungszeit
Pro Portion ca. 400 kcal,
7 g E, 17 g F, 54 g KH

1 Für die Suppe die Zwiebel schälen und in feine Würfel schneiden. Die Süßkartoffeln schälen, waschen und in Stücke schneiden. Die Bohnen in ein Sieb abgießen, kalt abspülen und abtropfen lassen. Das Öl in einem Topf erhitzen und die Zwiebel darin andünsten. Die Süßkartoffeln dazugeben und kurz mitbraten. Die Bohnen hinzufügen, die Brühe angießen und alles aufkochen. Zugedeckt ca. 20 Min. köcheln lassen.

2 Inzwischen die Mango schälen und grob würfeln. Für die Minzcreme die Minze waschen, trocken schütteln und fein schneiden. Unter die Crème fraîche rühren und mit Salz abschmecken.

3 Die Suppe vom Herd nehmen. Die Mangowürfel dazugeben und alle Zutaten mit dem Pürierstab fein pürieren. Die Suppe mit Salz und Pfeffer abschmecken und auskühlen lassen. Gekühlt mitnehmen, bis zum Lunch kühl aufbewahren und vor Ort aufwärmen. Oder morgens kurz aufkochen und heiß in einem Thermosbehälter mitnehmen. Die Minzcreme extra verpacken und vor dem Essen auf die Suppe geben.

TIPP Die Suppe hält sich zugedeckt im Kühlschrank bis zu 3 Tage und lässt sich prima bis zu 6 Monate einfrieren. Die Minzcreme hält sich gekühlt ebenfalls bis zu 3 Tage. Wenn Sie die Hälfte der Suppe für einen späteren Zeitpunkt einfrieren wollen, sollten Sie nur eine halbe Portion Minzcreme für den Lunch zubereiten, denn sie lässt sich nicht einfrieren. Und wenn Sie die zweite Portion Suppe für den Lunch einplanen, machen Sie wieder eine halbe Portion Minzcreme.

INSTANT-HÜHNERSUPPE

30 g Reis | Salz | 100 g TK-Suppengemüse |
100 g Hähnchenbrustfilet | 1 Frühlingszwiebel |
3 Stängel Petersilie | 1 geh. TL Hühnerbrühe
(Instant)

Klassiker auf die Schnelle

Für 1 Portion | 20 Min. Zubereitungszeit |
10 Min. Ziehzeit
Pro Portion ca. 285 kcal, 27 g E, 7 g F, 26 g KH

1 Den Reis nach Packungsanweisung bei kleiner
Hitze in reichlich Salzwasser garen. Die letzten
ca. 5 Min. das Suppengemüse dazugeben und mit-
garen. Inzwischen das Hähnchenbrustfilet waschen, trocken tupfen und in einen Dämpfeinsatz
legen. Im passenden Topf einen Fingerbreit Wasser
erhitzen und das Fleisch zugedeckt bei mittlerer
Hitze je nach Dicke 10 – 12 Min. dämpfen. Den Gemüsereis in ein Sieb abgießen und abtropfen lassen. Das Hähnchenbrustfilet abkühlen lassen und
in kleine Würfel schneiden.

2 Die Frühlingszwiebel putzen, waschen und fein
schneiden. Die Petersilie waschen, trocken schütteln und klein schneiden. Den Gemüsereis, das
Hähnchen, die Frühlingszwiebel, die Petersilie und
die Hühnerbrühe in ein hitzefestes Vorratsglas
(mindestens 600 ml Inhalt) geben. Abkühlen lassen, den Deckel auflegen und die Suppe bis zum
Lunch kalt stellen.

3 Vor dem Essen 350 ml Wasser im Wasserkocher
erhitzen. Ca. zwei Drittel des kochenden Wassers
in das Glas gießen, den Deckel auflegen und die
Zutaten ca. 5 Min. ziehen lassen. Einmal alles gut
durchrühren. Das übrige Wasser erneut aufkochen
und sofort in das Glas gießen. Die Suppe gleich
löffeln und genießen!

INSTANT-ASIA-SUPPE

50 g Zuckerschoten | 1 kleine rote Spitzpaprika |
200 g Chinakohl | 1 Stück Ingwer (ca. 1 cm) |
5 EL Sojasauce | 1 EL Limettensaft | 30 g Glas-
nudeln | 100 g gegarte geschälte Garnelen

Hilft gegen Fernweh

Für 1 Portion | 15 Min. Zubereitungszeit |
10 Min. Ziehzeit
Pro Portion ca. 315 kcal, 30 g E, 2 g F, 43 g KH

1 Zuckerschoten putzen, waschen und schräg in
feine Streifen schneiden. Paprika halbieren, Trennwände und Kerne entfernen, Hälften waschen und
klein würfeln. Kohl waschen und in Streifen vom
Strunk schneiden. Ingwer schälen und fein reiben.

2 Sojasauce und Limettensaft verrühren und in
ein Vorratsglas (mindestens 600 ml Inhalt) geben.
Alle Zutaten, Glasnudeln und Garnelen dazugeben.
Kalt stellen. Vor dem Essen 400 ml Wasser aufko-
chen. Ca. zwei Drittel davon in das Glas gießen,
Deckel auflegen und alles unter gelegentlichem
Rühren ca. 5 Min. ziehen lassen. Übriges Wasser
aufkochen und dazugießen. Gleich löffeln.

INSTANT-TOMATENSUPPE

30 g Parmesan (am Stück) | 3 EL gehacktes
TK-Basilikum | 2 EL Tomatenmark | 1 TL Salz |
Pfeffer | 100 g Kirschtomaten | 30 g Baby-Blatt-
spinat | 1 Wiener Würstchen

Wärmt von innen

Für 1 Portion | 15 Min. Zubereitungszeit |
10 Min. Ziehzeit
Pro Portion ca. 340 kcal, 20 g E, 25 g F, 7 g KH

1 Den Parmesan grob reiben. Parmesan, Basilikum, Tomatenmark, Salz und Pfeffer fein pürieren
und in ein hitzefestes Vorratsglas (mindestens
600 ml Inhalt) geben.

2 Die Tomaten waschen, trocken tupfen und vierteln. Den Spinat waschen und gut trocken schütteln. Das Würstchen in dünne Scheiben schneiden.
Alle Zutaten in das Glas geben. Kalt stellen. Vor
dem Essen 400 ml Wasser im Wasserkocher aufkochen. Ca. zwei Drittel davon in das Glas geben.
Den Deckel auflegen und alles unter gelegentlichem Rühren ca. 5 Minuten ziehen lassen. Übriges
Wasser aufkochen und dazugießen. Gleich löffeln.

GRAUPENRISOTTO MIT RÄUCHERFORELLE

Jetzt brechen rosarote Zeiten an. Schon die Farbe macht gute Laune und die wird Löffel für Löffel mit viel Aroma gesteigert. Ein echter Sattmacher ist die Kombi auch.

1 Schalotte
2 TL Olivenöl
75 g Perlgraupen
350 ml Gemüsebrühe
100 g vorgegarte Rote Bete
1 EL Apfelessig
Salz | Pfeffer
¼ Bund Petersilie
2 EL Ziegenfrischkäse
1 Räucherforellenfilet (ca. 75 g)

Gesunder Mix

Für 1 Portion |
25 Min. Zubereitungszeit
Pro Portion ca. 600 kcal,
32 g E, 23 g F, 61 g KH

1 Die Schalotte schälen und fein würfeln. 1 TL Öl in einem kleinen Topf erhitzen und die Schalotte darin andünsten. Die Graupen dazugeben und kurz mitdünsten. Die Brühe angießen und zum Kochen bringen. Die Graupen bei mittlerer Hitze offen ca. 20 Min. köcheln lassen, dabei immer wieder umrühren.

2 Inzwischen die Rote Bete in ca. 1 cm große Würfel schneiden. Das übrige Öl in einer Pfanne erhitzen und die Rote-Bete-Würfel darin unter Rühren kurz anbraten. Den Essig und 50 ml Wasser dazugeben, aufkochen und ca. 5 Min. köcheln lassen, bis die Flüssigkeit fast verdampft ist. Die Rote-Bete-Würfel mit Salz und Pfeffer kräftig abschmecken.

3 Die Petersilie waschen, trocken schütteln und fein schneiden. Das Graupenrisotto vom Herd nehmen, den Ziegenfrischkäse unterrühren und mit Salz und Pfeffer abschmecken. Die Rote Bete dazugeben und untermischen. Das Ganze heiß in einen Thermosbehälter füllen oder auskühlen lassen, in eine Lunchbox packen und bis zur Verwendung kühl stellen.

4 Das Räucherforellenfilet und die Petersilie extra verpacken und mitnehmen. Das Graupenrisotto auf dem Herd oder in der Mikrowelle kurz erwärmen. Das Fischfilet in Stücke zupfen und mit der Petersilie auf das warme Risotto geben.

TIPP   Wenn ich mal keine Graupen im Schrank habe, mache ich das Rezept mit Risotto-Reis. Er wird beim Aufwärmen allerdings etwas weicher als die Graupen.

LINSEN–DAL MIT KOKOSREIS

30 g Basmatireis | 1 TL Kokosraspel | Salz |
1 Schalotte | 1 Stück Ingwer (ca. 2 cm) | 2 TL Öl |
1 TL gemahlene Kurkuma | 60 g rote Linsen |
½ TL Fenchelsamen | 100 g TK-Erbsen | ½ TL ge-
mahlener Kreuzkümmel | Pfeffer

Veganes Soulfood

Für 1 Portion | 25 Min. Zubereitungszeit
Pro Portion ca. 525 kcal, 25 g E, 16 g F, 70 g KH

1 Den Reis mit den Kokosraspeln in einem kleinen
Topf ohne Fett bei mittlerer Hitze unter Wenden
kurz anrösten. 60 ml Wasser dazugießen und etwas Salz hinzufügen. Das Wasser aufkochen und
den Reis zugedeckt bei kleiner Hitze 20 – 25 Min.
garen, dabei ab und zu umrühren.

2 Inzwischen die Schalotte und den Ingwer schälen und fein würfeln. 1 TL Öl in einem Topf erhitzen.

Schalotte und Ingwer darin unter Rühren andünsten. Mit der Kurkuma bestäuben, die Linsen und
200 ml Wasser dazugeben und aufkochen. Bei
mittlerer Hitze offen ca. 12 Min. kochen, bis die Linsen gerade eben zerfallen.

3 Das übrige Öl in einer kleinen Pfanne erhitzen.
Die Fenchelsamen darin kurz anrösten, die TK-Erbsen, den Kreuzkümmel und 2 – 3 EL Wasser dazugeben. Zugedeckt ca. 5 Min. dünsten, bis die
Erbsen aufgetaut sind. Mit Salz und Pfeffer abschmecken. Die Mischung unter das Dal rühren
und mit Salz abschmecken. Dal und Reis heiß getrennt in einen Thermosbehälter packen oder auskühlen lassen, in eine Lunchbox packen und kalt
stellen. Vor dem Genuss erhitzen.

KARTOFFEL-EINTOPF MIT SENFCREME

1 kleine Zwiebel | 200 g Kartoffeln | 1 Möhre | 200 g Rosenkohl | 30 g Speckwürfel | ½ TL getrockneter Majoran | 1 EL Crème fraîche | ½ TL mittelscharfer Senf | 1 Spritzer flüssiger Honig | Salz | Pfeffer

Deftiges zum Aufwärmen

Für 1 Portion | 30 Min. Zubereitungszeit
Pro Portion ca. 470 kcal, 15 g E, 29 g F, 38 g KH

1 Die Zwiebel schälen und in feine Würfel schneiden. Die Kartoffeln und die Möhre schälen und beides ebenfalls in kleine Würfel schneiden. Den Rosenkohl putzen, waschen und die Röschen je nach Größe halbieren oder vierteln.

2 Den Speck in einem Topf ohne Fett unter Rühren auslassen. Die Zwiebel dazugeben und kurz andünsten, den Majoran unterrühren. Kartoffeln, Möhre und Rosenkohl dazugeben. 350 ml Wasser angießen, aufkochen und ca. 20 Min. köcheln lassen, bis die Kartoffeln gar sind.

3 Inzwischen die Crème fraîche mit dem Senf und dem Honig glatt rühren. Mit Salz abschmecken. Den Kartoffel-Eintopf mit Salz und Pfeffer abschmecken. Heiß in einen Thermosbehälter füllen oder auskühlen lassen und in einen gut schließenden Behälter füllen. Die Senfcreme extra mitnehmen und vor dem Genuss auf den Eintopf geben.

TIPP

Anstelle von Rosenkohl können Sie den Kartoffel-Eintopf auch mit einem anderen Gemüse zubereiten. Mir schmecken besonders Brokkoliröschen, in Streifen geschnittener Spitzkohl oder in Würfel geschnittene Steckrübe.

BLITZ-GULASCH MIT GREMOLATA

Lässt sich perfekt vorbereiten, denn aufgewärmt am nächsten Tag schmeckt es noch besser. Für eine frische Note sorgt die italienische Würzmischung obendrauf.

Für das Gulasch:
5 g getrocknete Steinpilze
100 g Rinderfilet
1 kleine Zwiebel
2 TL Olivenöl
1 TL Mehl
1 TL edelsüßes Paprikapulver
1 TL Tomatenmark
100 g TK-grüne-Bohnen in Stücken
Salz | Pfeffer
Für die Gremolata:
1 TL Pinienkerne
3 Stängel Petersilie
½ Bio-Zitrone
1 TL Öl
Salz

Italienisches Aromawunder

Für 1 Portion |
30 Min. Zubereitungszeit
Pro Portion ca. 355 kcal,
26 g E, 22 g F, 12 g KH

1 Für das Gulasch die getrockneten Steinpilze in einer Schüssel mit 150 ml kochendem Wasser übergießen und kurz darin ziehen lassen. Das Rinderfilet trocken tupfen und in kleine Würfel schneiden. Die Zwiebel schälen und in kleine Würfel schneiden. Die Steinpilze in ein feines Sieb abgießen und das Einweichwasser auffangen. Die Pilze klein schneiden.

2 Das Öl in einem Topf erhitzen. Das Fleisch darin unter Wenden kräftig anbraten. Die Zwiebel dazugeben und kurz mitbraten. Mit Mehl und Paprikapulver bestäuben. Das Tomatenmark unterrühren. Die Einweichflüssigkeit von den Steinpilzen dazugeben und aufkochen. Die Bohnen dazugeben und alles zugedeckt ca. 8 Min. köcheln lassen, bis die Bohnen aufgetaut sind. Den Deckel abnehmen und das Gulasch 2 – 3 Min. einkochen lassen.

3 Inzwischen für die Gremolata die Pinienkerne in einer Pfanne ohne Fett anrösten, herausnehmen und grob hacken. Die Petersilie waschen, trocken schütteln und fein hacken. Die Zitronenhälfte heiß waschen, trocken reiben und die Schale abreiben. Die Pinienkerne, die Petersilie, die Zitronenschale und das Öl verrühren. Mit Salz abschmecken.

4 Das Gulasch mit Salz und Pfeffer abschmecken. Heiß in einen Thermosbehälter füllen oder auskühlen lassen und in eine gut schließende Lunchbox packen. Die Gremolata extra verpacken und vor dem Servieren auf das Gulasch geben. Dazu schmeckt Bauernbrot oder Bandnudeln.

TIPP Preiswerter wird das Gulasch, wenn Sie statt des edlen Rinderfilets Schweinefilet oder Putenschnitzel verwenden.

GRÜNE AVOCADO-GAZPACHO

1 kleine hellgrüne Spitzpaprika | ¼ Salatgurke | 1 Stange Staudensellerie | 1 kleine Scheibe Weißbrot vom Vortag (ca. 25 g) | ½ reife Avocado | 2 EL Limettensaft | Salz | Pfeffer | 1 Msp. gemahlener Kreuzkümmel | 1 TL Mandelblättchen | 2 Stängel Minze | 1 grüne Chilischote | 2 Eiswürfel (nach Belieben)

Kaltes Sommersüppchen

Für 1 Portion | 15 Min. Zubereitungszeit
Pro Portion ca. 380 kcal, 7 g E, 30 g F, 18 g KH

1 Die Paprika halbieren, Trennwände und Kerne entfernen, die Hälften waschen und grob würfeln. Die Gurke waschen, schälen und in grobe Stücke schneiden. Den Sellerie waschen, gegebenenfalls entfädeln und in grobe Stücke schneiden. Alle Gemüse in einen großen hohen Rührbecher oder den Mixer geben. Das Weißbrot grob würfeln und dazugeben. Das Fruchtfleisch der Avocado aus der Schale löffeln und ebenfalls hinzufügen. Mit dem Limettensaft beträufeln. Ca. 125 ml kaltes Wasser dazugießen und alles fein pürieren. Mit Salz, Pfeffer und Kreuzkümmel abschmecken.

2 Die Mandelblättchen in einer Pfanne ohne Fett goldbraun rösten, herausnehmen und auskühlen lassen. Die Minze waschen, trocken schütteln und die Blätter abzupfen. Die Chilischote halbieren, die Kerne entfernen, die Hälften waschen und in sehr schmale Streifen schneiden.

3 Die Gazpacho – nach Belieben mit den Eiswürfeln – in einen Thermosbehälter füllen. Mandelblättchen, Minzeblätter und Chilischote extra verpacken. Die drei Toppings vor dem Genuss auf die Gazpacho streuen.

SCHNELLES RATATOUILLE

½ kleine Aubergine (ca. 150 g) | Salz | ½ kleiner
Zucchino (ca. 150 g) | 1 kleine gelbe Paprika |
1 Schalotte | 1 Knoblauchzehe | 3 TL Olivenöl |
½ TL getrockneter Thymian | Pfeffer |
200 g stückige Tomaten (aus der Dose)

Allround-Talent aus Frankreich

Für 1 Portion | 25 Min. Zubereitungszeit
Pro Portion ca. 245 kcal, 7 g E, 16 g F, 15 g KH

1 Die Aubergine putzen, waschen und in
ca. 0,5 cm große Würfel schneiden. Mit etwas Salz
bestreuen und kurz ziehen lassen. Den Zucchino
putzen, waschen, längs halbieren und in dünne
Scheiben schneiden. Die Paprika halbieren, Trennwände und Kerne entfernen, die Hälften waschen
und in kurze, schmale Streifen schneiden. Die
Schalotte und den Knoblauch schälen und fein
würfeln. Die Auberginenwürfel trocken tupfen.

2 1 TL Öl in einem weiten Topf erhitzen. Die Auberginenwürfel darin rundherum 2 – 3 Min. anbraten
und wieder herausnehmen. Das übrige Öl im Topf
erhitzen. Zucchini und Paprika darin unter Rühren
2 – 3 Min. anbraten. Schalotte und Knoblauch dazugeben und kurz mitbraten. Die Aubergine hinzufügen, den Thymian unterrühren und alles mit Salz
und Pfeffer würzen. 50 ml Wasser und die stückigen Tomaten dazugeben. Alles zum Kochen bringen und zugedeckt ca. 10 Min. köcheln lassen.

3 Den Deckel abnehmen und das Ratatouille
eventuell etwas einkochen lassen. Mit Salz und
Pfeffer abschmecken. Auskühlen lassen, in eine
Lunchbox packen und bis zum Essen kalt stellen.
Das Ratatouille schmeckt warm oder bei Zimmertemperatur. Dazu schmecken z. B. Baguette, Bandnudeln oder Reis und 1 gekochtes Ei.

VEGGIE-CHILI MIT BOHNEN

Perfekt zum Mitnehmen, denn aufgewärmt schmeckt der herzhafte Eintopf fast noch besser. Mit Bohnen, Gemüse und Avocado macht er auf gesunde Art bis zum Feierabend satt.

Für das Chili:
1 kleine Zwiebel
1 kleine rote Paprika
100 g Mais (aus der Dose)
1 kleine Dose Kidneybohnen
(Abtropfgewicht 125 g)
1 TL Öl
ca. ½ TL Chilipulver
½ TL gemahlener Kreuz-
kümmel
200 g stückige Tomaten
(aus der Dose)
Salz | Pfeffer
Für die Avocadosalsa:
3 Stängel Koriandergrün
1 TL Öl
¼ Avocado
½ TL Limettensaft (ersatzweise
Zitronensaft)
Salz | Pfeffer
1 Tortillawrap

Tex-Mex vegan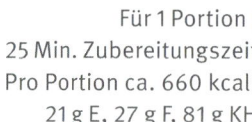

Für 1 Portion |
25 Min. Zubereitungszeit
Pro Portion ca. 660 kcal,
21 g E, 27 g F, 81 g KH

1 Für das Chili die Zwiebel schälen und fein würfeln. Die Paprika halbieren, Trennwände und Kerne entfernen, die Hälften waschen und in Würfel schneiden. Den Mais in ein Sieb abgießen und kalt abspülen. Die Kidneybohnen ebenfalls in ein Sieb abgießen, kalt abspülen und abtropfen lassen.

2 Das Öl in einem Topf erhitzen. Die Zwiebel darin unter Rühren andünsten. Die Paprika und den Mais dazugeben und unter Rühren 2–3 Min. dünsten. Das Chilipulver und den Kreuzkümmel dazugeben und unterrühren. Die Kidneybohnen hinzufügen, dann die stückigen Tomaten und 50 ml Wasser dazugeben. Alles zum Kochen bringen, mit Salz und Pfeffer würzen und bei mittlerer Hitze offen 15–20 Min. köcheln lassen.

3 Inzwischen für die Salsa das Koriandergrün waschen, trocken schütteln und die Blättchen fein hacken. Mit dem Öl mischen. Das Avocadoviertel schälen und das Fruchtfleisch in kleine Würfel schneiden. Mit dem Limettensaft unter das Korianderöl rühren. Die Salsa mit Salz und Pfeffer würzen und in ein gut verschließbares Gefäß füllen.

4 Das Chili mit Salz, Pfeffer und eventuell noch Chilipulver abschmecken und heiß in einen Thermosbehälter geben. Oder auskühlen lassen, bis zur Verwendung kalt stellen und vor dem Essen erwärmen. Den Tortillawrap vor dem Mitnehmen oder vor Ort in einer Pfanne oder einem Toaster kurz erwärmen. Das Veggie-Chili mit der Avocadosalsa und dem Tortillawrap genießen.

© 2017 GRÄFE UND UNZER VERLAG GmbH, München Alle Rechte vorbehalten. Nachdruck, auch auszugsweise, sowie die Verbreitung durch Film, Funk, Fernsehen und Internet, durch fotomechanische Wiedergabe, Tonträger und Datenverarbeitungssysteme jeglicher Art nur mit schriftlicher Genehmigung des Verlages.

Projektleitung: Sigrid Burghard
Lektorat: Katharina Lisson
Korrektorat: Petra Bachmann
Innen- und Umschlaggestaltung: independent Medien-Design, Horst Moser, München
Illustrationen: Maria Baus
Herstellung: Mendy Willerich
Satz: Kösel, Krugzell
Reproduktion: medienprinzen GmbH, München
Druck und Bindung: Firmengruppe APPL, aprinta druck, Wemding
Syndication: www.seasons.agency
Printed in Germany
2. Auflage 2018
ISBN 978-3-8338-6159-8

 www.facebook.com/gu.verlag

GRÄFE UND UNZER

Ein Unternehmen der
GANSKE VERLAGSGRUPPE

Die Autorin

Inga Pfannebecker ist Diplom-Oecotrophologin und war als Food-Redakteurin bei namhaften Zeitschriften tätig. Seit 2012 lebt sie als freie Journalistin und Buchautorin in Amsterdam. Ihre Spezialität sind alltagstaugliche Rezepte, in denen sich guter Geschmack und gesunde Ernährung perfekt ergänzen.

Die Fotografin

Seit sich die gebürtige Deutsche **Maja Smend** nach ihrem Studium am Plymouth College of Art & Design vor 15 Jahren in London selbstständig machte, gilt sie als eine der führenden Food-Fotografinnen Englands. Zu ihren aktuellen Kunden zählen Marks & Spencer, Waitrose und Jamie Oliver. Ihre zwei Schulkinder waren die beste Inspiration und Tester für diese Produktion. Unterstützt haben sie dabei **Sarah Widera** (Foodstyling) und **Sam Folan** (Assistenz).

Bildnachweis

Autorenfoto: Maud Fontein, Amsterdam; Titelfoto und alle anderen Fotos: Maja Smend, London

Titelrezept

Erbsen-Tortilla mit Tomatensalsa (S. 22), Heidelbeer-Mango-Joghurt (Innenklappe hinten)

Umwelthinweis:
Dieses Buch ist auf PEFC-zertifiziertem Papier aus nachhaltiger Waldwirtschaft gedruckt.

Backofenhinweis:
Die Backzeiten können je nach Herd variieren. Die Temperaturangaben in unseren Rezepten beziehen sich auf das Backen im Elektroherd mit Ober- und Unterhitze und können bei Gasherden abweichen.

Appetit auf mehr?

ISBN 978-3-8338-5167-4

ISBN 978-3-8338-6161-1

ISBN 978-3-8338-5017-2

ISBN 978-3-8338-5890-1

ISBN 978-3-8338-6184-0

ISBN 978-3-8338-6162-8

 Alle hier vorgestellten Bücher sind auch als eBook erhältlich.

Mehr von GU auf **www.gu.de** und
facebook.com/gu.verlag

EXTRAS FÜR ALLE FÄLLE

Allround-Talente für die Lunchbox: Der Möhrensalat schmeckt auch als Vorspeise. Der Dip peppt Suppen und vieles mehr auf, der Obstsalat ist ein perfektes Fitmacher-Dessert.

MÖHRENSALAT

Für 1 Portion: 2 Möhren putzen, schälen und grob raspeln. 1 haselnussgroßes Stück Ingwer schälen und fein raspeln. 1 Stange Staudensellerie waschen, entfädeln und in feine Scheiben schneiden. Alles mischen. 1 TL Rapsöl mit 1 TL Zitronensaft und ½ TL flüssigem Honig verrühren. Mit Salz und Pfeffer abschmecken. Unter den Salat mischen. 20 g Walnusskerne in einer Pfanne ohne Fett anrösten, grob hacken und über den Salat streuen. Den Salat in ein gut schließendes Gefäß füllen, mindestens 30 Min. ziehen lassen und kalt stellen.

FRISCHER KRÄUTER-DIP

Für 1 Portion: 75 g Magerquark mit 1 EL Crème fraiche glatt rühren. ¼ Bund Kräuter nach Belieben (z. B. Schnittlauch, Basilikum, Petersilie, Dill oder eine Mischung aus verschiedenen Kräutern) waschen, trocken schütteln und klein hacken bzw. schneiden. Die Kräuter unter den Quark rühren. ½ Bio-Zitrone heiß waschen, abtrocknen und die Schale fein abreiben. Die Schale ebenfalls unter den Quark rühren und den Kräuter-Dip mit Salz und Pfeffer abschmecken. Nach Belieben noch etwas Senf oder Meerrettich (aus dem Glas) unterrühren.

OBSTSALAT

Für 1 Portion: ½ Bio-Limette heiß waschen, abtrocknen und die Hälfte der Schale dünn abreiben. Den Saft auspressen. 1 Stängel Minze waschen und trocken schütteln. Limettensaft und -schale mit 3 EL Wasser, 1 EL braunem Zucker und der Minze in einem Topf unter Rühren aufkochen und ca. 5 Min. köcheln lassen, bis die Flüssigkeit zähflüssig wird. Auskühlen lassen und die Minze entfernen. 125 g Obst nach Wahl (z. B. Beeren, Orangenfilets, Mango, Birne) je nach Sorte putzen, waschen und in Stücke schneiden. Mit dem Sirup mischen.